HÉROES DE LA COMUNIDAD

Una Guía Para Enfrentar Con Seguridad Al Coronavirus

Escrito por Renée Lyons, Ph.D.
Ilustrado por Sarah Rose Lyons

SCIENCE

LOCALLY RELEVANT **GLOBALLY IMPACTFUL**

SCIENCE
LIFE SCIENCES OUTREACH CENTER

ABOUT THIS PUBLICATION: This publication was created through a collaboration between the Clemson University Life Sciences Outreach Center, an outreach of Clemson University's College of Science, and Clemson-area artist Sarah Rose Lyons. Find out more about the Clemson University Life Sciences Outreach Center at CLEMSON.EDU/CENTERS-INSTITUTES/CULSOC. Special thanks to the Prisma Health Team for reviewing and providing guidance on this publication. Find out more at PRISMAHEALTH.ORG. All proceeds from the sale of this book will go directly to offsetting the cost of production. Neither Clemson University, the author nor the illustrator will receive any revenues.

ABOUT THE ARTIST: Sarah Rose Lyons is an artist and illustrator who focuses her artwork on creating visual metaphors of the environment. Her art is a catalyst for change that pushes the viewer into creating a better story for themselves and for the world in which they live. Check out Sarah's artwork at SARAHROSELYONS.COM.

PRODUCTION ASSISTANCE: College of Science Communications and Marketing Department. Jim Melvin, director; Pete Martin, online and print media coordinator.

Special thanks to Veronica Montenegro Doherty and Jessica Rodriguez for translating this work from English to Spanish. Contact Veronica at veronica.montenegro.doherty@gmail.com.

¿Has oído hablar de la enfermedad que estamos enfrentando en estos momentos?
¡Hola Dra. Flores! Sí, algo he escuchado.

¿Y tú?
¿Qué has escuchado?
¿Cómo te sientes al hablar
del coronavirus?

CLEMSON.EDU/SCIENCE

SCIENCE
LOCALLY RELEVANT GLOBALLY IMPACTFUL

¿Sabías que el coronavirus es un germen pequeño?

¡Así es! Y a veces ese pequeño germen hace que nos enfermemos.

¿Ha estado alguna vez resfriado? ¡Un resfriado también es causado por un pequeño germen! Al igual que un resfriado, el coronavirus puede enfermar a la gente por un tiempo.

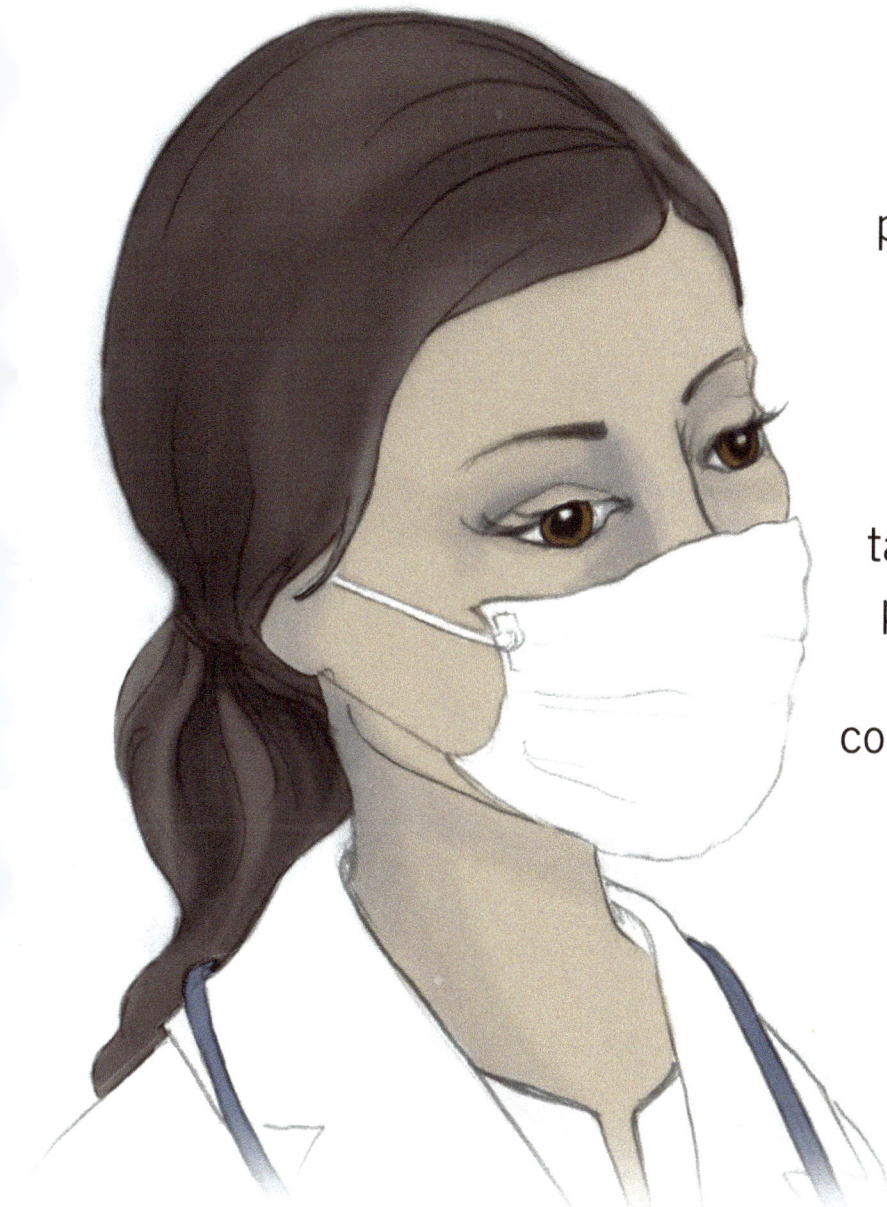

SCIENCE
LOCALLY RELEVANT | GLOBALLY IMPACTFUL

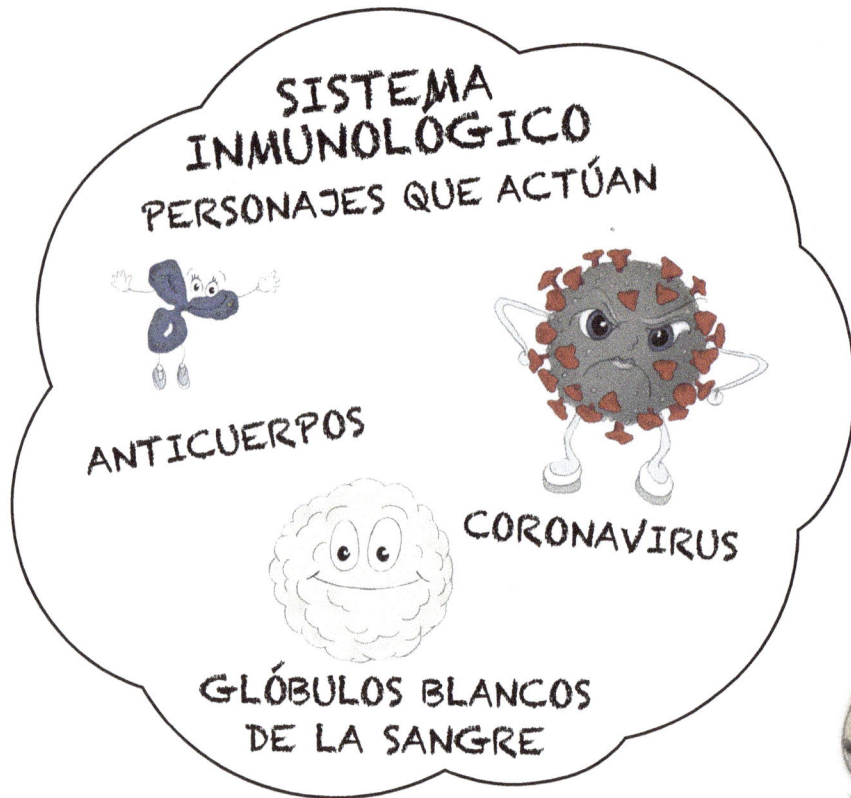

Nadie quiere enfermarse. La buena nueva es que nuestro organismo posee un sistema especial de protección llamado **EL SISTEMA INMUNOLÓGICO.**

Nuestro sistema inmunológico puede luchar contra gérmenes como el del coronavirus.

Piensa en la última vez que estuviste resfriado. ¿Cuánto tiempo estuviste enfermo? ¡Probablemente te sentiste mucho mejor después de un par de días!

Eso fue porque tu sistema inmunológico luchó contra el germen del resfrío.

CLEMSON.EDU/SCIENCE

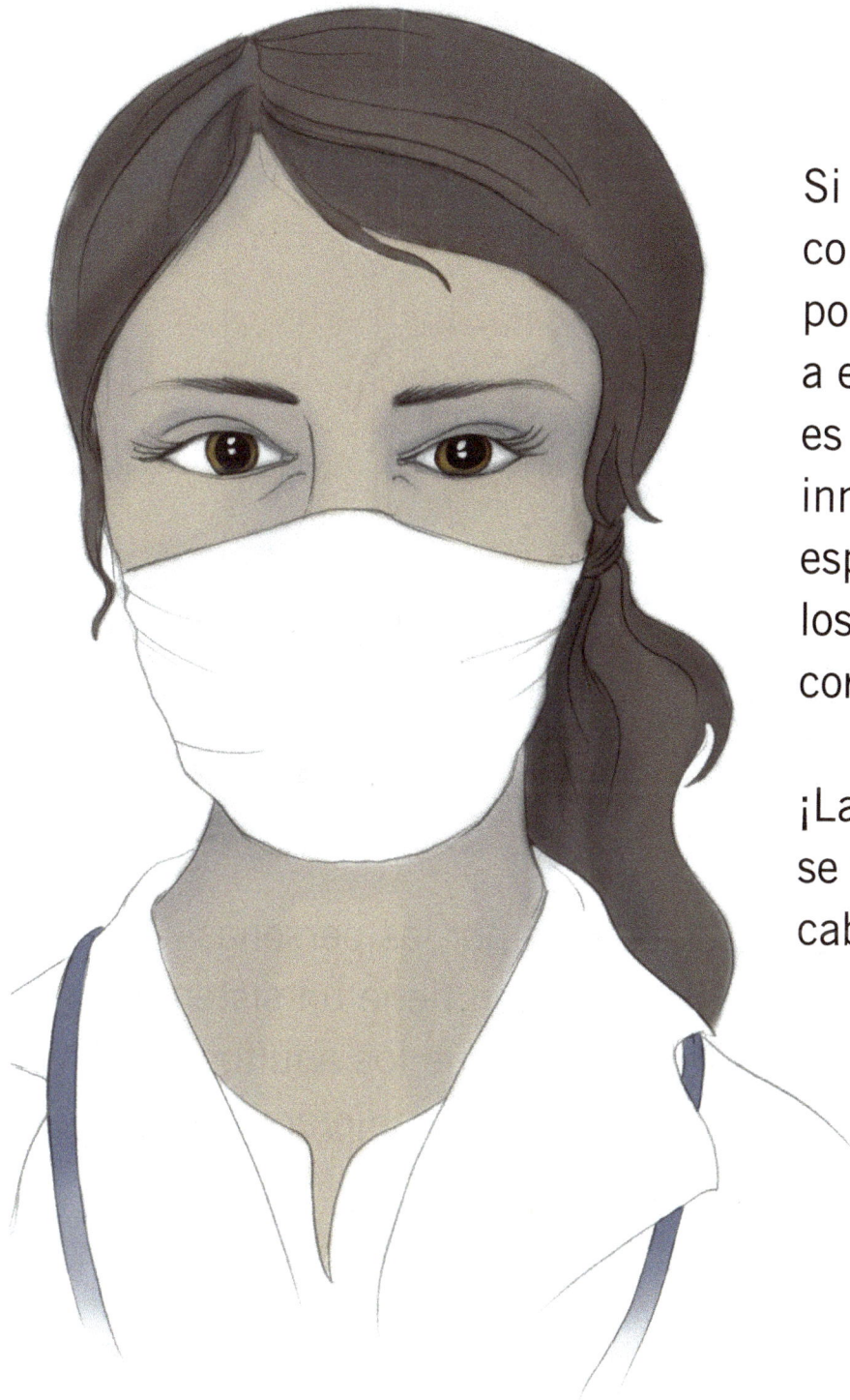

Si los niños se contagian con el coronavirus, podrían sentirse igual a estar resfriados. Eso es porque su sistema inmunológico es especial para combatir los gérmenes del coronavirus.

¡La mayoría de los niños se siente mucho mejor al cabo de unos días!

Yo no quiero que te preocupes por las personas adultas que tú amas. ¡Ellos también tiene un sistema inmunológico! La diferencia es que los adultos demoran un poco más de tiempo en mejorarse del coronavirus.

Afortunadamente, nuestro sistema inmunológico no es el único "superhéroe" ayudando a combatir el coronavirus. ¡Los médicos, enfermeras y científicos también están ayudando!

¡Tú puedes ayudar a tu comunidad de muchas maneras! ¡Si trabajamos todos juntos y ayudamos a prevenir la propagación del coronavirus, podemos evitar enfermarnos!
¡Yo no soy médico o científico! ¿Cómo puedo ayudar a mi comunidad?

Tú puedes evitar el **CONTAGIO CUBRIENDO LA BOCA Y LA NARIZ CON UN PAÑUELO DESECHABLE O DE PAPEL CADA VEZ QUE TOSES O ESTORNUDAS**. ¡Asegúrate de tirar a la basura el pañuelo desechable porque podría contener coronavirus!

CLEMSON.EDU/SCIENCE

SCIENCE
LOCALLY RELEVANT GLOBALLY IMPACTI

¡También puedes ayudar **LAVÁNDOTE BIEN LAS MANOS**!

¡El jabón destruye los gérmenes del coronavirus, pero sólo si te lavas las manos durante un buen rato! Para estar seguros de haber destruido el germen del coronavirus, canta la canción "Feliz Cumpleaños" dos veces y haz mucha espuma con el jabón mientras te lavas las manos.

SCIENCE
LOCALLY RELEVANT **GLOBALLY IMPACTFUL**

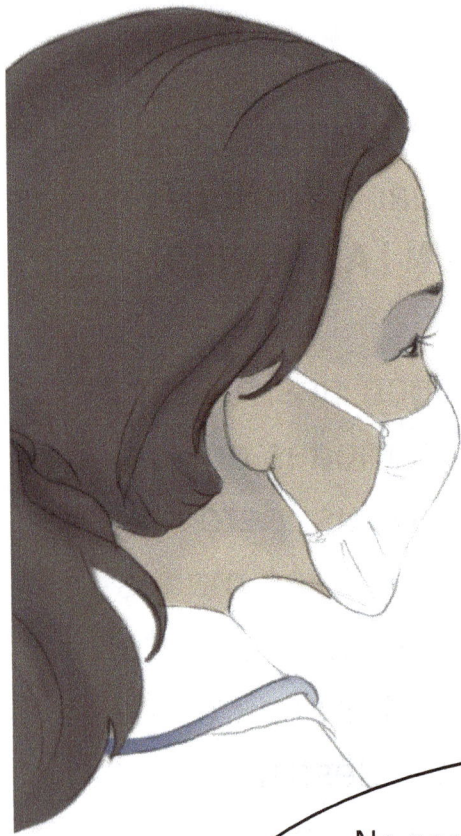

¡¿Necesito lavarme las manos 10.000 veces al día?!

No necesariamente, pero debes lavarte las manos:

✔ Cuando entras a tu casa luego de haber estado jugando afuera o llegas de una tienda.
✔ Antes de comer.
✔ Después de sonarte la nariz, toser o estornudar.
✔ Después de usar el baño.

SCIENCE
LOCALLY RELEVANT GLOBALLY IMPACTFUL

Las mascarillas ayudan muchísimo, pero sólo si éstas son usadas correctamente. Es muy importante que los médicos, las enfermeras, las personas que están enfermas y las personas que están cuidando a los enfermos, usen una mascarilla.

Sin embargo, las mascarillas sólo sirven si sigues lavándote las manos frecuentemente, cubriéndote la boca y la nariz cada vez que toses o estornudas y si te mantienes a distancia de otras personas que podrían estar enfermas.

SCIENCE
LOCALLY RELEVANT GLOBALLY IMPACTI

TÚ PUEDES PROTEGER A TUS AMIGOS Y A TODA TU COMUNIDAD QUEDÁNDOTE EN CASA. Esto podría significar que no puedas ir a la escuela, ni asistir a las prácticas deportivas, ni salir a jugar con tus amigos por un tiempo.

El contagio del coronavirus es muy rápido. Si una persona se enferma, podría contagiar a todas las personas con quienes ha estado jugando o se ha estado relacionando. ¡Pero no te preocupes, esto no durará para siempre gracias a los superhéroes que están luchando contra el coronavirus!

¡Será muy entretenido cuando podamos volver a jugar todos juntos!

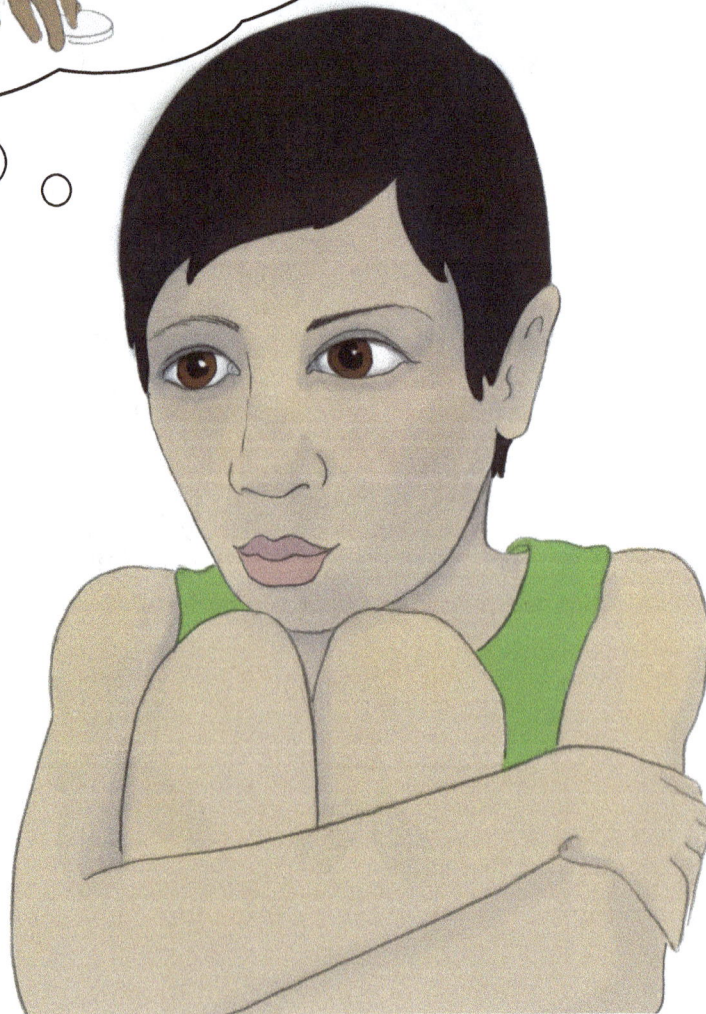

CLEMSON.EDU/SCIENCE

SCIENCE
LOCALLY RELEVANT GLOBALLY IMPACTFUL

SAL DE TU CASA SÓLO CUANDO SEA MUY NECESARIO.

Y cuando salgas, mantén distancia con aquellas personas que no son miembros de tu familia.

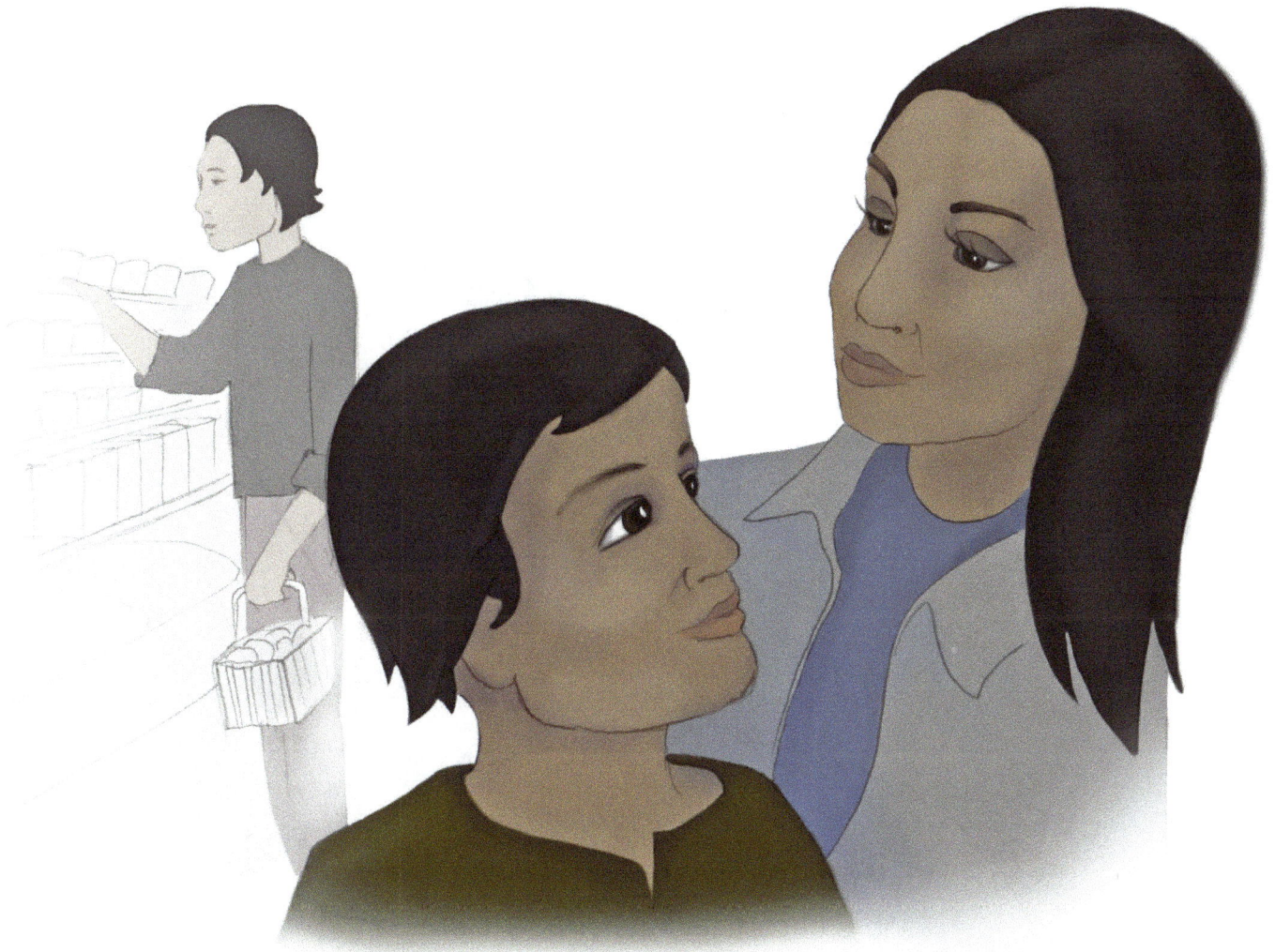

CLEMSON.EDU/SCIENCE

¡Hasta luego, mis superhéroes!
¡Sigamos haciendo nuestro aporte para mantener
sanos a todos en nuestra comunidad!